Société d'Études Scientifiques de l'Aude

NOTICE HISTORIQUE

SUR LE

CHATEAU DE FERRALS

Près Saint-Papoul (Aude)

MONUMENT HISTORIQUE

PAR

HENRY MULLOT

CARCASSONNE

Imprimerie GABELLE, BONNAFOUS et Cie, rue de la Mairie, 50

—

1896

RAPPORT

SUR

L'EXCURSION FAITE PAR LA SOCIÉTÉ D'ÉTUDES SCIENTIFIQUES DE L'AUDE

Le 23 Juin 1895

A FERRALS ET A SAINT-PAPOUL

PAR M. HENRY MULLOT.

PREMIÈRE PARTIE

LE CHATEAU DE FERRALS

En acceptant l'honneur de vous faire le compte-rendu de notre excursion du 23 juin 1895 aux monuments historiques connus sous les noms de Châteaux de Ferrals, Cloître et Eglise de St-Papoul (Aude), j'ai pensé que — oubliant pour une fois nos chères études d'histoire naturelle — vous me donniez l'autorisation de vous présenter une page d'histoire locale sur les régions que nous avons parcourues ensemble entre Bram et St-Papoul. Mon but sera atteint si, en mêlant la légende à la vérité historique — *utile dulci* — je réussis à captiver votre attention.

Arrivé à Bram — que nous trouvons nommé *Hebromagus, Eburomagus,* sur les anciens itinéraires romains, *Brom* (1) dans les chartes du Moyen-Age — quelques minutes avant vous, je passe ce moment d'attente à déchiffrer une inscription sur pierre de taille. La pierre appartient à l'étage

---

(1) Archives de la Haute-Garonne : Fonds de St-Jean de Jérusalem (Puysubram et Bram).

carcassien. et se trouve scellée dans le mur d'une maison, située à l'entrée Nord du village.

On lit :

LE ROY LOUIS XIII BRAM
XX OCTOBRO 1632

Cette inscription. destinée sans doute à rappeler aux générations futures le souvenir de la visite royale et l'honneur dont fut l'objet cette communauté. pourra servir à éclairer d'un nouveau jour l'histoire de la révolte de Gaston d'Orléans, frère du roi. et du duc de Montmorency, soutenus par les Etats du Languedoc. Quelques jours avant cette date, Louis XIII et son ministre Richelieu avaient quitté Toulouse, laissant à la Cour du Parlement de cette ville le soin d'instruire le procès du duc (1). Depuis, sans trop s'éloigner de la capitale du Languedoc, ils voyageaient à petites journées à travers cette province. Le 19. arrivés devant Castelnaudary, ils traversaient cette ville au galop de leurs chevaux, et se rendaient au faubourg de Mauléon (2), pour jeter un coup d'œil sur le champ de bataille où les troupes royales avaient, presque sans coup férir, battu les bandes allemandes et polonaises (polacks, poulacks, poulacres (3)) de Gaston, et fait prisonnier le gouverneur du Languedoc.

Mais nous abandonnons notre inscription ; il est temps de nous diriger en toute hâte vers la station, où le train amenant les excursionnistes est annoncé par les trois coups de cloche réglementaires. Sitôt descendus de wagon, les présentations étant faites sans aucun cérémonial, chacun s'empresse, à sa convenance. de prendre une place

---

(1) Nos Premiers Présidents, par Amilhau.

(2) Inventaire manuscrit des archives municipales de Castelnaudary.

(3) Bulletin de la Commission archéologique de Narbonne.

d'extérieur ou d'intérieur sur les omnibus mis à notre disposition. Et nous voilà en route !

Nous quittons Bram par le chemin qui conduit de Mire-
poix au Canal du Midi Cette voie a été prolongée au Nord
en ligne presque droite jusqu'aux Cammazés et au bassin
de St-Ferréol. A notre gauche, nous laissons la métairie de
Villarzens (*Villa Ranecendis* au Moyen-Age (1)). tête de
paroisse sous le titre de St-Martin (2) jusques à la Révolution
Française. En 1394. « Villerazant » est compris au nombre
« des communautés ou locs inhabitables » (3) du diocèse de
St-Papoul et compté seulement pour deux feux qui représen-
taient alors de 8 à 10 familles. A la même époque, Villesiscle
« *Villa Assiscula* » (4). qui s'est depuis relevée de ses ruines,
et Villesplas « *Villasplanis. Villesplanis* » (5). château que
nous rencontrerons après avoir dépassé Carlipa, avaient le
même nombre de feux. Villesplas est resté à la fois communauté et paroisse sous le vocable de St-Jean-Baptiste jusqu'aux
temps modernes (6). En 1624. il y avait même un notaire,
Me Jean Montauderie (7). Des travaux récents ont mis à jour
des ossements humains, qui ont montré l'emplacement de
son ancien cimetière.

En passant. saluons Rocreuse, ancien fief noble, appelé
au Moyen-Age « *feudum de Monte Coniculo* ». Là, se trouvait
une chapelle dédiée à St-Saturnin (8). Ce fief. après avoir
été, pendant de longs siècles. une possession des abbés
de Villelongue, devint plus tard celle des Seigneurs de

---

(1) Cartulaire Mahul : voir Alzonne. *(Diocèse de Carcassonne.)*
(2) Archives de l'Aude *:* G. 210.
(3) Archives de l'Aude : Série H. non inventoriée.
(4) Archives de l'Aude : G. 90,
(5) Archives de l'Aude : G. 90.
(6) Archives de l'Aude : G. 90.
(7) Archives de l'Aude : B. 2125.
(8) Cartulaire Mahul : Alzonne.

St-Martin-le-Vieux. Vers la fin du xviii° siècle cette terre passa dans la famille Embry de Rocreuse, qui la tient encore aujourd'hui (1). Sur notre droite, nous apercevons bientôt Saint-Martin-le-Vieux « *Sanctus Martinus Vetus* ». Mais, à nos yeux, le village s'efface vite devant les ruines imposantes de l'antique château du lieu. En 1759, comme de nos jours, suivant une note du curé de cette époque, de l'antique manoir entouré de fossés, et muni d'un pont-levis, il ne restait qu'une tour avec quelques pans de muraille (2).

Ces ruines, qui nous rappellent l'insécurité des temps passés, disparaissent à peine à l'horizon, que nous entrons dans Carlipa, le *Carolipatus* ou *Carlipatus* du Moyen-Age, où nous faisons une halte. Ce nom sonore évoque aussitôt en notre pensée le souvenir du grand empereur d'Orient, de ce Charlemagne dont les vieillards se plaisent à raconter sous le manteau de la cheminée — pendant les longues veillées de l'hiver — les mémorables exploits. A Carlipa, où il avait établi son camp (3), on n'a jamais pu savoir si Charlemagne se retira après avoir constaté que le lieu était abondamment pourvu de vivres, ou bien si, pour tromper notre célèbre empereur, les habitants jetèrent du haut en bas des murailles un porc bien gras, comme à Carcassonne en Carcassez, à Capdenac en Quercy, et aux Baux en Provence; ou bien encore si, comme aux deux St-Julien de Gras Capou (Haute-Garonne et Ariège), une femme d'une beauté remarquable se présenta sur les remparts, tenant à chaque main un *gras chapon* (4). Quel fait historique se cache sous ces légendes, souvent les mêmes dans beaucoup de villes de notre Midi? Nul ne l'a dit jusqu'à présent.

----

(1) Cartulaire Mahul : Alzonne.
(2) Archives de l'Aude : Enquête géographique de 1759.
(3) Cartulaire Mahul : Carlipa.
(4) St-Julien de Gras Capou, par l'abbé Aragon.

De Carlipa à Villespy — que les habitants se plaisent à nommer la Ville Episcopale, du latin *Villa Episcopalis*, alors que les chartes du Moyen-Age s'entêtent à l'appeler « *Villa spina* » (1). — le paysage ne réussit pas à forcer notre attention ; peut-être pensions-nous un peu trop aux splendeurs passées de la résidence favorite des Evêques de Saint-Papoul ! Des oliviers. qui entourent une croix plantée sur la place publique, nous donnent la raison qui dicta le choix des prélats de St-Papoul. Ils nous indiquent la douceur du climat en hiver, dans cette localité. Dans notre passage, au trot de nos chevaux, à travers la grande rue de Villespy, nous cherchons en vain les restes de l'antique maison épiscopale avec ses frais ombrages : elle n'existe plus depuis deux longs siècles ! Un rapport des consuls, daté de 1696, nous apprend qu'à cette époque elle était déjà en ruines (2). Ce n'était pourtant pas le palais fortifié qu'avait fait construire, pendant son épiscopat. Guillaume de Cardailhac (3) (1325 à 1347), et qu'un parti Bourguignon. venu de Carcassonne en 1412 (4) avait pillé et détruit pour s'emparer du trésor laissé, à sa mort, par Pierre II (de Crozo) évêque de St-Papoul. Ce trésor s'élevait à la somme de douze mille écus d'or (5). Encore ici, comme à Carlipa. comme ailleurs, les habitants aiment à répéter que leurs pères ont subi les horreurs de sept sièges. et que sept fois leur village a été mis à feu et à sang. Ils montrent aussi avec orgueil le grand puits. semblable à celui de la Cité de Carcassonne, autant par ses dimensions que

---

(1) Archives de l'Aude : G. 90.

(2) Archives de l'Aude : B. 2 200,

(3) Archives de l'Aude : G. 90.

(4) Histoire du Languedoc : T. IV (au chapitre sur les Ordres Religieux). Edition Privat.

(5) Archives de l'Aude : G. 90.

par sa profondeur, que fit construire l'évêque Pierre I de Cros (1361-1370) dans le jardin du palais épiscopal (1).

Pas plus que dans notre ville, les habitants n'ont trouvé le trésor enfoui dans ses profondeurs, suivant la tradition.

A une distance de deux kilomètres environ de ce dernier village, sur la droite de la route qui conduit à Saint-Papoul, sont situés les deux Châteaux de Ferrals. Tous deux ont servi de demeure à d'illustres personnages, dont les hauts faits vont nous permettre de vous présenter une page d'histoire locale.

Grâce à « Trois inventaires des Biens meubles et immeubles, des Dettes actives et passives de la maison de Ferrals » que possèdent nos Archives départementales, et à de nombreux documents inédits dont nous indiquerons les titres et dépôts en renvoi en fin de page, toutes les fois que nous nous en servirons dans notre récit ; grâce aussi à certains livres possédés par notre bibliothèque publique, nous allons satisfaire — en partie seulement — notre curiosité historique.

Bien que nous ayons lu beaucoup de chartes, en vue de nos études sur le Lauragais, nous en avons relevé très peu où il soit question du Château de Ferrals ; aussi nous a-t-il été difficile de trouver son nom dans les temps anciens.

Nous voyons mentionné, pour la première fois, le nom de Ferrals, le 24 juin 1213, dans une histoire des Comtes de Toulouse publiée par le général Moline de Saint-Yon. A cette date, « Amaury de Montfort est armé chevalier, à Castelnaudary, par son oncle Guy. La dame de Fendeille lui attache l'éperon gauche et la demoiselle de Ferrals l'éperon droit. » Cela nous importe moins que de savoir qu'avant d'appartenir à la riche abbaye de St Papoul les terres de Ferrals, au moment

---

(1) Archives de l'Aude : G. 90.

de la Croisade des Albigeois, étaient l'apanage d'une famille seigneuriale, probablement expropriée plus tard pour cause ou plutôt sous prétexte d'hérésie au profit de ce monastère.

En 1272, dans le *Saisimentum du Comté de Toulouse*, publié par La Faille dans ses *Annales* de Toulouse — aux preuves — nous relevons le « *Castrum dels Ferrals* » comme un lieu fortifié, faisant partie de la baylie de Castelnaudary. C'était alors une petite communauté, une juridiction et peut-être un consulat. En 1394 (1), comme cent ans plus tard en 1494 (2), Ferrals n'est plus compris au nombre des « locs habitables » du diocèse de Saint-Papoul. Il faut le considérer, dès cette époque, comme un simple fief noble sur lequel le seigneur, dont il était l'apanage, avait toutes les justices, à savoir la haute, la moyenne et la basse justice.

Dans le même document donné par La Faille, nous relevons, au nombre des nobles qui prêtèrent serment en 1272 au roi de France, Guiot de Pia. Ce chevalier (*miles*) habitait la baylie de Laurac, bien qu'il fut alors seigneur de Ferrals.

Guilhaume de Pia, sénéchal de Carcassonne, de 1248 à 1252, et le premier connu de cette famille, avait acheté cette seigneurie à l'abbaye de St-Papoul. De plus, en vue de mettre cette terre à l'abri des revendications de ses anciens seigneurs autonomes, il avait acheté ou plutôt s'était fait céder les droits que pouvaient prétendre sur elle : 1° Noble Jourdain Saissac, toujours suspect d'hérésie ; 2° sa fille Guilhelmette, mariée à Raymond de Termes, alors seigneur de Cascarrech, l'un des fils de l'illustre chevalier Olivier de Termes (1253-1264). La maison féodale de Pia posséda le domaine de Ferrals jusques vers la fin du XIVe siècle.

Cette seigneurie se composait alors des terres de Ferrals,

---

(1) Archives de l'Aude : S H. non inventorié.
(2) Archives de l'Aude : G. 90.

de Cascarrech, aujourd'hui le Puy St-Pierre, simple métairie, après avoir été, au cours des siècles passés, une tête de baronnie, d'Issel, enfin de Verdun, que toutes les maisons de Ferrals possédèrent jusques à la Révolution Française (1).

Les habitants de cette dernière communauté avaient acheté, en 1377, (actes du 23 juin et du 29 juillet, passés devant Mᵉ Raymond Bordas, notaire), à deniers comptants, de noble Guilhaume de Pia, le droit de dépaissance sur toutes les terres et bruyères du domaine de Ferrals, En 1817, à la suite d'un procès plaidé devant le tribunal civil de Castelnaudary, et en appel devant la cour de Montpellier, intervint un accord entre la commune de Verdun et M. le duc de Roquelaure, alors propriétaire de Ferrals. Les habitants renoncèrent à leur droit de dépaissance, et se partagèrent entr'eux un lot de terre situé dans leur territoire, que leur abandonna leur adversaire (2). Ce fut la fin heureuse d'un droit d'origine féodale, si on peut appeler féodal un droit acheté à deniers comptants.

Du domaine de Ferrals dépendaient encore les terres de St-Ferréol, métairie située près du Tenten (commune de Villepinte), pour laquelle les abbés de Villelongue devaient foi et hommage aux seigneurs de ce domaine. Cet hommage fut rendu pour la première fois, à notre connaissance, le 9 janvier 1377, en faveur de Jean de Pia (3).

L'année suivante (1378), et pour la dernière fois, nous trouvons mentionné dans notre inventaire le nom de ce personnage et de cette famille. Nous sommes à l'époque où le Lauragais tout entier prit fait et cause pour le comte de Foix contre le duc de Berry, que le roi venait de nommer gouverneur du Languedoc à sa place ; peut-être le dernier

---

(1) Archives de l'Aude : B. 2135.
(2) Inventaire manuscrit des archives municipales de Verdun (1826).
(3) Archives de l'Aude : B. 2135.

héritier de cette maison disparut-il dans cette tourmente politique qui dura de 1378 à 1384 (1), ou bien dans un combat livré aux terribles Routiers qui, en 1438, mirent tout le Lauragais à feu et à sang, au point que les populations ne voulaient plus rentrer dans leurs villages par peur de ces bandes de pillards (2).

Au premier janvier 1457. la terre de Ferrals était entre les mains de la puissante famille de Toulouse-Lautrec. Elle appartenait à noble Antoine de Toulouse, vicomte de Lautrec, seigneur de Montfa et de la Bruyère. « *dominus de Ferralibus* » et coseigneur d'Issel (*de Exilio*). En 1478. ce même personnage, de concert avec noble Guilhaume de Rigaud de Vaudreuille, aussi coseigneur d'Issel, ratifie des ventes ou échanges de terre faits entre eux par les habitants de ce village (3). Antoine de Lautrec vécut cent vingt à cent quarante ans, « six à sept vingt ans » (4). Il fut inhumé, suivant ses désirs, vers 1541, dans la chapelle Notre-Dame de l'Eglise Saint-Vincent, au Couvent des Carmes à Castres, où il habitait. Ses ancêtres avaient leur tombeau dans la même église (5).

Mais longtemps avant sa mort, Antoine de Lautrec avait donné ou aliéné la seigneurie de Ferrals. Parmi les pièces inventoriées par le notaire. Me Boyer. nous en trouvons une qui relate l'hommage rendu, en août 1479. par Marie de Lautrec à noble Barthélemy d'Alibert, pour la métairie del Rasèque qu'elle tenait en fief de ce seigneur. C'est donc à peu près à cette époque qu'il faut rapporter « l'acte de dona-

---

(1) Inv. des Arch. Mun. de Toulouse : AA. 36:69. *AA 16 : 4.*

(2) Arch. de l'Aude : fonds de Prouille; Domaine du Mortier, près La Cassaigne (1438).

(3) Registre de « de Floribus », notaire à Castelnaudary (Etude de *Bernardi* St-Papoul).

(4) Généalogies, par le P. Anselme.

(5) Antiquitez de Castres, par Pierre Borel.

tion de Ferrals, fait par M. de Montfa », inventorié sans date.

A la seigneurie de Ferrals était venue s'ajouter celle ou partie de celle de Villemagne, ainsi que nous l'apprend un arrêt de maintenue en possession prononcé par le Parlement de Toulouse en faveur de Marie de Lautrec qui plaidait contre Antoine son père ou grand père (1479). Le 27 mai 1510, Marie de Lautrec fit son testament. Elle était alors veuve de noble Jean d'Antin qui, en 1507, avait construit la chapelle de St-Sauveur dans la juridiction de Verdun, et à laquelle il avait laissé des fonds pour doter un prêtre desservant. Il y avait aussi fondé un obit pour le repos de son âme (6).

Nous ne savons pas en faveur de quel personnage furent faits les testaments de Jean d'Antin et de sa femme ; mais nous avons lieu de croire qu'ils instituèrent pour héritier universel Antoine d'Antin. Dans un acte de 1553, passé devant Me Arnauld de Garrigia, notaire de St-Papoul, il est dit que Bertrand d'Antin avait l'administration des biens d'Antoine d'Antin, mineur (7).

Marie de Lautrec dut mourir peu de temps après avoir testé, car à la date du 3 septembre 1521, noble Antoine d'Antin passe, devant notaire, à Nicolas de Verdun, un acte à nouveau fief pour une terre qui n'est pas nommée. Antoine avait épousé Jeanne de Chateauneuf ou de Castelnau « de Castro novo » qui, avant 1537, se signe seigneuresse de Ferrals.

Ce fut sur la tête de son mari que fut saisie, par arrêts de la même cour de justice, donnés le 4 avril 1545 et le 11 sep-

---

(6) Archives de l'Aude : B. 2135.
(7) Registre d'Arnauld de Garrigia, folio... (Etude de St-Papoul).

tembre 1548, la terre de Ferrals avec ses dépendances (1). Dans ces actes, Antoine est accusé de forfaiture.

Le 11 février 1546, nous trouvons installé, comme châtelain royal du château de Ferrals, le capitaine Simon de Faure (2). Il y commandait au nom du Dauphin qui, devenu roi de France sous le nom de Henri II, en fit don à la toute-puissante Diane de Poitiers, le 15 juillet 1547 (3).

Celle-ci vendit, quelques années plus tard, la terre de Ferrals à noble François de Rogier, ainsi que le prouve un acte de ratification de cette vente passé à Paris devant un notaire au Chatelet, à la date du 29 mars 1559 (4).

François de Rogier était déjà un important personnage, si nous en croyons l'annaliste La Faille. Ce dernier rapporte que ce « gentilhomme de distinction avait été aimé du feu duc de Guise, et honoré par le roi Henri II d'une ambassade à Rome où il s'acquit beaucoup d'estime ». Son père, Barthélemy de Rogier, seigneur de Malras, lui avait cédé, en 1558, sa charge de « secrétaire général des guerres » avec celle de « trésorier de France » à Montpellier. Vers 1567, il avait été nommé, par lettres de provisions de la reine Catherine de Médicis, comtesse de Lauragais, son sénéchal dans « cette comté » (5). L'année suivante, il est nommé ambassadeur de France auprès du duc d'Albe, gouverneur des Pays-Bas, alors notre allié : il remplissait encore les mêmes fonctions en 1571.

C'est dans le vieux château — suivant les historiens modernes (6) — que le dimanche 28 janvier 1565, noble Fran-

---

(1) Arch. de l'Aude : B. 2135.

(2) Registre de Arnauld de Garrigia, folio 53 (Etude de St-Papoul).

(3) Arch. de l'Aude : B. 2135.

(4) Arch. de l'Aude : B. 2135.

(5) Arch. de l'Aude : B. 2135.

(6) et à notre avis, dans le vaste vestibule du château neuf, qui seul [illegible]

çois de Rogier, baron de Ferrals, reçut le roi Charles IX, la
reine Catherine de Médicis, le jeune roi de Navarre (plus
tard Henri IV) et toute la cour. L'invitation fut faite au roi
à son passage à Carcassonne (1). La réception fut magnifique.
En voici le récit fait par M. Ditandy dans ses « Lectures
variées sur le département de l'Aude ».

« Le cortège du roi et celui de la reine mère étaient nom-
« breux et magnifiques. Les tambours, les fifres et les trom-
« pettes ouvraient la marche. Puis, venaient les comtes de
« Brissac, de Charnay, de Villars et de Cypière, gouver-
« neurs des enfants de France, les pages, des maréchaux,
« des cardinaux, enfin le roi, précédé du connétable de
« Montmorency, qui portait l'épée royale. Charles IX avait
« à ses côtés le duc d'Anjou, son frère, et le jeune prince de
« Navarre. Il était suivi des officiers de sa maison, tous
« vêtus de drap d'or et de velours cramoisi, avec les mar-
« ques et les symboles de leurs hautes fonctions. Il avait jeté
« négligemment sur ses épaules un riche manteau blanc,
« chargé de fleurs de lys d'or et orné d'une bordure de rubis
« mêlés d'étincelles. Son blanc destrier était harnaché d'une
« housse de velours bleu céleste, presque traînante, sur
« laquelle brillaient encore des fleurs de lys d'or. Près de lui
« chevauchait un écuyer portant l'étendard de France.

« A l'approche des royaux visiteurs, les fanfares retenti-
« rent, les cloches du beffroi sonnèrent, les arquebuses
« envoyèrent leurs salves joyeuses, les ponts-levis s'abais-
« sèrent et la cour du manoir fut en un instant encombrée
« de gens et de chevaux. Au milieu se trouvait dressé un
« arc de triomphe surmonté de quatre lances, soutenant des
« draperies de pourpre à longues franges d'or : dans l'inté-
« rieur étaient étendus de somptueux tapis. Charles IX et
« Catherine de Médicis descendirent de cheval sous cette

____

(1) Mémoires de Gaches.

« tente improvisée où les conduisit le baron de Ferrals, qui
« baisa avec respect la main du jeune Sire.

« Les nobles hôtes furent reçus et traités royalement. Le
« dîner fut splendidement servi. Après qu'on eut levé les
« tables, le plafond de la salle s'ouvrit au moyen de machi-
« nes. A l'instant les innombrables lumières pâlirent. Des
« éclairs se succédant rapidement. dardèrent une lueur
« livide sur les visages des convives saisis d'étonnement.
« Le tonnerre, qu'on n'entendait d'abord que dans le loin-
« tain, gronda bientôt au-dessus de leurs têtes. Il était porté
« sur un nuage épais et noirâtre qui s'étendit lentement et
« plongea la salle dans une obscurité presque absolue.
« Cependant. les éclairs redoublèrent ; une détonation
« assourdissante creva la nue qui, paraissant alors tout en
« feu, laissa tomber une grêle de dragées, suivie d'une pluie
« de senteur. Cette averse fut si abondante que le roi
« demanda son manteau en s'écriant : « Par Notre-Dame !
« je ne m'attendais pas à un semblable orage dans cette
« rigoureuse saison.... »

« Après ce divertissement dans le goût italien, dont la reine-
« mère avait apporté la mode en France, c'est-à-dire le soir
« même. la Cour partit pour Castelnaudary, où elle coucha. »

François de Rogier avait épousé, au commencement de
l'année 1544, Eméraude de Brugaut, de la ville de Lyon (1),
— leurs pactes de mariage sont du 25 janvier — qui lui
donna plusieurs enfants dont nous parlerons plus loin. Il
pouvait, avoir à cette époque, 27 ou 28 ans, si nous nous en
rapportons à la date du contrat de mariage de son père,
Barthélemy de Rogier de Malras, marié à N..... de Fanjeaux (2), dont il était probablement le fils aîné. Ce contrat

---

(1) Archives de l'Aude : B. 2135.

(2) Elle était sans doute fille de Barthélemy de Fanjeaux, seigneur
de Villefloure (canton de Saint-Hilaire). Cette famille possédait cette
seigneurie depuis 1322. (Voir Mahul, Cartulaire, T. V, pages 139 et seq.).

avait été passé, le 14 novembre 1515, devant Me Gallet, notaire à Limoux.

Dans un de nos Inventaires — celui du 4 janvier 1743 — nous relevons un acte portant vente et un autre ratification de la vente du Puy St-Pierre (de Cascarreto), faite à Barthélemy de Fanjeaux en 1537 et 1538 par Bertrand et Antoine d'Antin. Possédant, par héritage maternel, les terres de Cascarrech qui sont presque une dépendance de Ferrals, par leur situation géographique, on s'explique pourquoi François de Rogier fit l'acquisition de ce dernier domaine.

Dans la galerie des 14 tableaux que possédait la maison de Ferrals au xviiie siècle et qui se trouvent à peu près tous dans le salon actuel du Château, il y en avait un « sans cadre » toujours désigné, dans nos Inventaires, sous le nom de « Monsieur l'ambassadeur ». Il ne serait peut-être pas trop difficile de le reconnaître, si l'on veut bien considérer qu'il a pu être encadré plus tard, de même que d'autres portent des traces évidentes de changement de cadres. Il nous semble que ce personnage a joué dans l'histoire de France un assez grand rôle pour que cette recherche soit faite : nous formons des vœux pour qu'elle soit mise à exécution et menée à bonne fin par la noble famille qui possède aujourd'hui le Château de Ferrals.

Le même Inventaire nous donne les noms : 1° du tableau représentant un Cardinal. C'est le portrait du Cardinal Jean de Bonzy, gentilhomme florentin, évêque de Béziers, conseiller du roi, grand aumônier de la reine, abbé de Saint-Jacques, abbé commendataire de Saint-Guilhem du Désert (1), enfin archevêque de Toulouse, puis de Narbonne, ancien président-né des Etats du Languedoc à ce dernier titre (1630 au 11 juillet 1703).

2° D'un autre tableau représentant « la duchesse de Tende,

____

(1) Arch. du parlement de Toulouse : B. 36.

avec sa corniche dorée en ovale ». Ce portrait se reconnaît facilement, bien qu'il ait été fortement bruni par le temps. La duchesse de Tende était femme de N... de Savoie.

3° Enfin, d'un autre tableau « représentant Madame de Tourreil, avec une petite bordure dorée et carrée ». A notre avis, c'est le portrait de cette grande dame en toilette claire qui a fait l'admiration de tous les membres de l'excursion. Les nombreux artistes de notre Société n'hésitaient pas à l'attribuer au pinceau d'un des plus grands peintres du XVIIIe siècle. Le nom du célèbre peintre Boucher nous vient bien sur les lèvres, mais le tableau n'étant pas signé, au moins ostensiblement, et nos connaissances en peinture étant trop restreintes, nous préférons ne pas nous prononcer à ce sujet. D'autre part, la famille de M. le comte de Virieu voit, par tradition, dans ce portrait celui de Madame Victoire, sœur du roi Louis XVI.

Messire François 1 de Rogier était, à sa mort, survenue à Rome, le 5 janvier 1575 (1) « baron de Ferrals, Verdun, « Cennes, Puy-Saint-Pierre (baronnie achetée en 1558 à Diane « de Poitiers), seigneur de St-Benoît, de Malras, de Tourne- « bouis, de La Digne d'Amont et Donnazac (par héritage pater- « nel) et de Villemagne (par achat à Mgr François de Faucon, « évêque de Carcassonne, auquel il la paya en rentes sur « l'Hôtel-de-Ville de Paris) (2). » Cette rente lui était servie par le célèbre banquier de l'époque, Marc Sardini (3). Il était encore baron de Parasa, Puycelicon, Villa des Ports (baron- nie achetée, en janvier 1572, à Messire Henri des Prez, mar- quis de Montpezat (4), membre du conseil privé du roi, maître d'hôtel ordinaire du roi et de la reine mère, séné-

---

(1) Mémoires de Gaches, en note.
(2) Arch. de l'Aude : B. 2150.
(3) Arch. de l'Aude : B. 2150.
(4) Arch. de l'Aude : B. 2150.

chal du Lauragais, ambassadeur de France (1571-1575) (1) auprès du pape (2), administrateur — par édit du roi — des biens de l'abbaye de Sorèze (3) depuis le 17 juin 1570, etc., etc.

Nous ne savons pas si cet illustre personnage prit part, de 1562 à sa mort, aux Guerres de Religion qui, pendant trente-cinq ans environ, désolèrent le Lauragais où il possédait la plus grande partie de ses domaines : mais il n'en fut pas de même de son fils aîné, Barthélemy II de Rogier, que l'on retrouve sur tous les champs de bataille, tantôt comme lieutenant du duc de Joyeuse, tantôt comme lieutenant du connétable Henri de Montmorency, quand le roi Henri III, au commencement de 1589, s'allia au roi de Navarre.

Comme lieutenant du duc de Joyeuse, de concert avec le sénéchal de Carcassonne, il fait une course sur Mazères, ville occupée par les Huguenots, et cela, malgré la trêve signée entre les partis. Cette course fit l'objet d'une plainte portée par Henri de Navarre au roi de France, le 21 janvier (1581) (4). A la tête des troupes du diocèse de St-Papoul, il prend part au siège de Bram, dont s'était emparé le capitaine protestant Bacou (mai 1582) ; puis, à celui de Montréal (octobre 1583) (5). Plus tard, il prend part à la tentative infructueuse et malheureuse faite par le duc de Joyeuse, pour reprendre le Mas-Saintes-Puelles (10 au 23 juillet 1586) (6) occupé par les Huguenots.

Comme lieutenant du gouverneur du Languedoc, il s'em-

---

(1) Lettres de Catherine de Médicis. Imprimerie Nationale.

(2) Arch. de l'Aude : B. 2150.

(3) Registres d'Arnaud Campmas, 31 verso et seq. (Etude de Saint-Papoul).

(4) Histoire du Languedoc. Ed. Privat, T. XI, p 696.

(5) Mémoires de Gaches.

(6) Inventaire manuscrit des arch. munic. de Castelnaudary.

parc, le 5 juillet 1589. d'Alzonne, sur les Ligueurs : et le 24 du même mois, il force le capitaine Jacques de Voisins, baron d'Ambres, qui s'était retiré dans la citadelle, à capituler. Il lui accorda de sortir avec tous les honneurs de la guerre (1). Quelques jours après (fin juillet ou commencement d'août). de concert avec le capitaine Tanus,[4] il livre un combat. entre Villelisses et Saint-Rome. à François de Saint-Jean Moussoulens, lieutenant du duc de Joyeuse. Ils le battent et le poursuivent jusqu'à Bram, qui tenait pour la Ligue, et où il arrive assez à temps pour sauver sa vie. Dans cette rencontre fut blessé Samuel de Rabastens, baron de Paulin, capitaine à la suite du duc de Montmorency. Barthélemy le fit transporter au château de Ferrals, où il mourut quelques jours après (2).

Les consuls de Castelnaudary et les magistrats du Présidial. tous fougueux ligueurs, ne pardonnèrent pas au baron de Ferrals — sénéchal du Lauragais — d'avoir pris le parti du roi de Navarre dont le duc de Montmorency était à ce moment le dévoué serviteur en Languedoc. A leur instigation, il se vit remplacé comme sénéchal. par arrêt du parlement de Toulouse, — encore plus inféodé au parti de l'Union que la ville de Castelnaudary et son juge-mage — par le marquis *Béraud* de Pordeac de Bassebat (3), capitaine catholique. originaire de la Gascogne, qui était venu se fixer en Lauragais. à la suite d'un riche mariage avec la fille unique *× Catherine* de Jacques de Fontaines, laquelle lui apporta en dot le marquisat de Fendeilles. *Elle était veuve de Guillaume de Narbonne seigneur de Capendu*

La famille de Rogier fut toujours fidèle aux rois de France, qui la comblèrent d'honneurs et de bienfaits.

---

(1) Cartulaire Mahul : voir Alzonne.
(2) Mémoires de Gaches.
(3) Inventaire manuscrit des arch. municipales de Castelnaudary (année 1589).

(4) Georges d'Alary, seigneur de Tanus, célèbre capitaine huguenot. Il était fils de Jacques d'Alary, ancien capitoul de Toulouse, et époux de Olympe de Rabastens.

Après l'émeute protestante du 18 mars 1562 (1) à Castelnaudary. où beaucoup de huguenots furent tués. les biens de Demoiselle Jeanne de Roquefort. Dame d'Engarrevaques (2) et ceux de son fils Isaac J... de Voisins furent confisqués. Il en fut de même de ceux de Raymond de Marion. contrôleur général et fermier de la reine mère — *quoique protestant zélé* — en son comté de Lauragais. Ce dernier y perdit la vie. Ses biens furent donnés par le roi à la famille de Rogier, prétend M. Ch. Pradel dans une de ses savantes notes des Mémoires de Gaches. Il en donne pour preuve qu'à la date du 4 juin 1585 on voit Jacques de Marion en revendiquer à Barthélemy de Rogier la restitution, devant la chambre de l'Edit de l'Isle. Ce procès durait depuis la mort de Raymond de Marion, père de Jacques, mais il avait trait à la ferme du Lauragais que, malgré les droits incontestables de ces derniers. la reine avait donnée — à la suite d'une saisie royale — à la maison de Ferrals (3) !

Barthélemy de Rogier. seigneur et baron de Ferrals, St-Benoît, Malras, Villemagne, Villepinte et autres lieux. gentilhomme ordinaire de la chambre du roi, sénéchal de Lauragais, mourut en septembre 1593. Il laissait pour héritiers ses deux frères : François II de Rogier de Ferrals et Antoine de Rogier, baron de Parasa. qui furent tous deux successivement sénéchaux du Lauragais (4).

La maison de Ferrals, qui devait sa haute fortune à « Monsieur l'Ambassadeur (5) », était à l'apogée de sa grandeur Antoine de Parasa, qui fut sénéchal du Lauragais, du

---

(1) Inventaire manuscrit des archives municipales de Castelnaudary (année 1589).

(2) Mariée à Antoine de Voisins, seigneur et baron du lieu, chevalier de l'ordre du roi, gentilhomme ordinaire de sa chambre.

(3) Registres Arnaud Campmas, folio...

(4) Archives de l'Aude : B. 2135.

(5) Cartulaire Mahul : les vieilles familles de Carcassonne.

20 septembre 1615 à 1628, par cession de cette charge faite
en sa faveur par son frère François II, avait épousé Demoiselle Françoise de Voisins, fille de noble François de Voisins,
seigneur et baron d'Ambres, vicomte de Lautrec, dont il n'eut
pas d'enfants. Mort en 1644, dans son château de Puisselicon
(Hérault), il fut inhumé, selon ses dernières volontés, dans
l'église paroissiale Notre-Dame dudit lieu. Son héritage revint
à l'aîné des enfants mâles de Jeanne de Rogier, sa nièce, fille
de son frère François II, mariée à noble Jean-Marc de Gaulejac, seigneur de Pechcalvel (1).

François II, l'aîné des deux frères, sénéchal du Lauragais, de
1597 à 1615, non point par cession de Barthélemy II — car de
1594 à 1596 nous trouvons François de Bruyères-Chalabre en *
possession de cette charge (2) — mais par lettres de provisions
de la reine Marguerite, avait épousé (1596) en premières noces
Anne du Faur de St-Jory, fille du premier président au Parlement de Toulouse, dont il eut six filles. Ce fut la cause première de la décadence de la maison de Ferrals. Antoine de
Parasa avait eu bien soin de doter Gabrielle de Rogier, une
des filles de son frère, à la condition qu'elle renoncerait à
la succession paternelle et maternelle, afin d'assurer « la
conservation du nom et de la grandeur de la maison de
Ferrals » (3); les filles de François et leurs maris ne cessè-
rent pas d'intenter procès sur procès devant toutes les
juridictions au mari de leur sœur aînée, qui avait hérité de
la baronnie de Ferrals. Ces procès — ruineux pour toutes
les parties — durèrent plus d'un siècle.

En 1624, à la mort de François II, le château était passé, par
suite du mariage de sa fille Françoise avec Jean Gabriel de
Gaulejac, dans la maison de Pechcalvel, qui prit, confor-

---

(6) Archives de l'Aude : B. 2135.
(1) Inventaire des archives du Parlement de Toulouse, à la table.
(2) Archives de l'Aude : B. 2012.

— 22 —

mêment au testament du baron de Ferrals. les armes et le
nom des de Rogier de Ferrals. En 1696, d'après l'Ar-
morial de d'Hozier, Henri de Gaulejac de Rogier de Ferrals
porte : « Parti au premier d'argent, parti de gueules. et
au second d'azur à un chevron d'or, chargé sur la pointe
d'un croissant de gueules et un chef d'or chargé de trois
roses de gueules ». Les premières sont de Gaulejac. les
secondes de Roger.

Un peu au Sud du nouveau château, se trouve le vieux
manoir. De cette antique forteresse il ne reste aujourd'hui
qu'une tour en ruines, qui porte le nom de « Tour de la
Reine Marguerite », avec quelques pans de murailles, et
des fossés à demi comblés. On distingue très bien, encore
aujourd'hui. l'emplacement qu'il occupait. Les deux
portes d'entrée de cette tour, l'une au Nord, l'autre à l'Est.
donnent toutes les deux accès sur la cour. Elles sont très
bien conservées. Toutes les deux ont la même forme
surbaissée en arc et sont de même style que celle de l'église
de Ferrals, dédiée à Saint-Eutrope (1). Sur cette dernière
sont sculptées des armoiries. Il n'est certainement pas
impossible de savoir à quelle famille elles appartiennent,
et ce fait connu. de déterminer le personnage dont elles
furent la signature : il nous manque les éléments nécessaires pour réussir dans cette recherche. Nous pouvons
seulement dire que la Croix fait partie des armes de la
famille de Toulouse-Lautrec. Avec la connaissance de ce personnage, nous aurions l'époque où le château fut restauré
et mis à nouveau sur pied de guerre. Il ne saurait être
question de l'époque de sa construction primitive, que le
Saisimentum du Comté de Toulouse donne comme antérieure

---

(1) Au XVIᵉ siècle, elle était sous le vocable de Notre-Dame. Il
semble qu'elle a changé de patron à la suite d'un don de reliques
de Saint Eutrope.

à 1272, époque à laquelle il était la propriété de la famille de Pia. Le style d'une des ouvertures de notre Tour de la Reine Marguerite étant du xiiie siècle, on ne s'écarterait pas trop de la vérité en attribuant sa fondation au sénéchal de Carcassonne. De même, on pourrait attribuer la restauration du vieux manoir à Jean d'Antin, époux de Marie de Toulouse-Lautrec. Ces derniers se plaisaient à habiter la terre de Ferrals et de Verdun, ainsi que le démontre la construction de la chapelle Saint-Sauveur (1507), et l'obit qu'y fonda Jean pour le repos de son âme (1).

Le vieux manoir portait encore au xviiie siècle le nom de château de la reine Marguerite, nom qui, de nos jours, est resté à la tour. Faut-il voir dans cette reine la sœur de François 1er, roi de France, mariée en deuxièmes noces à Henri d'Albret, ou bien Marguerite de Valois, femme divorcée de Henri IV? On peut avec vraisemblance soutenir l'une et l'autre hypothèse, si l'on considère d'une part que les seigneurs d'Antin (*de Antino*) étaient très bien vus en cour de Navarre, et d'autre part que Barthélemy de Rogier se rangea du côté de Henri de Navarre, même avant l'assassinat de Henri III. Quoiqu'il en soit, la tradition rapporte qu'envoyée en exil par le roi, la reine Marguerite choisit le vieux manoir de Ferrals comme résidence.

Une autre tradition locale veut que le nouveau château ait été construit avec les démolitions du vieux château; elle veut encore que, dans les décombres, l'entrepreneur dont elle cite d'ailleurs le nom, y ait trouvé une belle fortune. La tradition, ici comme partout, confond époque, nom, origine, etc. S'il est difficile de rendre à chaque époque, à chaque nom, ce qui lui appartient, *cuique suum*, néanmoins cette tradition pourrait paraître vraie si, faisant

---

(1) Archives de l'Aude : B. 2135

abstraction de presque tout le château. on ne voit que les croisées qui l'éclairent tant au Midi qu'au Nord. Les fenêtres, avec leurs meneaux. rappellent la plus belle époque de la Renaissance. Elles semblent antérieures à l'ensemble des constructions du château qui. avec ses tours carrées construites avec des pierres taillées en bossage. indiquent — au dire des archéologues — pour le Sud de la Loire. la fin du XVIe siècle. Mais à Ferrals, on ne saurait oublier que son seigneur. François Ier de Rogier. était. par sa haute situation politique. en relation avec les meilleurs architectes et les plus grands ingénieurs militaires de son époque. avec ceux dont le génie devançait l'art de leur siècle. De ce fait. il semble qu'il y a lieu d'avancer — touchant le système de fortification — la date de construction de ce monument historique. Enfin, pour détruire cette tradition. on peut ajouter que « Monsieur l'ambassadeur » était assez riche pour n'avoir pas à employer des matériaux usés par le temps, et dont la démolition par le canon eut été trop facile.

Le notaire de l'Inventaire de 1723 a bien inventorié « un Registre des dépenses faites à la construction du château de Ferrals ». mais malencontreusement, il a oublié de consigner la date où elles furent faites. Il est pourtant à supposer que ce registre faisait partie de la succession de François I de Rogier, de même que le « Registre de ses comptes de contrôleur des armées du roi en 1558 », de même que le « Registre contenant le double de sa correspondance avec le roi et les grands personnages de l'Etat pendant ses ambassades ».

Quoi qu'il en soit. faute de preuves certaines, la question resterait à résoudre. si nous n'avions eu sous les yeux que les documents cités plus haut. Il y a encore, il est vrai. des raisons d'ordre secondaire. qui nous font considérer François I de Rogier comme le fondateur du château actuel : outre la nécessité de mettre sa nombreuse famille à l'abri des attaques du parti protestant, il fut le seul membre de sa maison assez riche pour entreprendre la construction de cette forteresse. Barthélemy II, son fils aîné, sans enfants, avec son amour bien connu pour les champs de bataille, ne voulut jamais connaître les plaisirs sûrs et tranquilles, goûtés derrière des murailles imprenables. De plus, de 1575 à 1593, la guerre civile, qui ne cessa de troubler, presque sans trève, le Lauragais, n'eût pas permis d'entreprendre une œuvre aussi considérable.

On ne peut pas davantage attribuer sa construction aux deux autres fils de l'ambassadeur, à François II, toujours en querelle dans son ménage (1), ou à Antoine de Rogier : ils furent toujours beaucoup plus occupés à se partager l'héritage de leur frère aîné, que hantés par l'idée de construire un château-fort. Il n'y avait pas d'ailleurs nécessité à le faire: à la mort de Barthélemy II (1593), Henri IV venait de monter sur le trône de France et à une époque de troubles, de guerres civiles, allait succéder une ère de tranquillité et de prospérité. Pour ces diverses raisons, il serait peut-être déjà permis de conclure : 1° Que le château actuel fut construit dans la deuxième moitié du xvi⁰ siècle : 2° qu'il fut l'œuvre d'un célèbre architecte de l'époque : 3° qu'il eut pour fondateur François I de Rogier. Mais, comme il a été nettement affirmé que la construction du château avait été faite pendant la première moitié du xviiᵉ siècle, sous le ministère Richelieu, qu'il n'avait pu être fini — un étage manque — par suite de l'Edit royal qui défendait de construire de nouveaux châteaux-forts dans l'intérieur du royaume de France; comme M. Ditandy a aussi attribué ce château à la même époque dans ses « Lectures variées sur le département de l'Aude », il nous appartient d'insister et de prouver que l'opinion générale des archéologues ne saurait prévaloir contre des actes notariés et par suite authentiques.

---

(1) Registre Jacques Pujol : Etude de St-Papoul.

Le 2 septembre 1565, messire François 1 de Rogier, dans un acte passé, au château de Ferrals, devant M° Arnaud Campmas, notaire à Saint-Papoul, arrente la forge de Ferrals au sieur Raseyre, maître-maréchal.

L'une des clauses du bail porte « qu'il sera tenu fere tout « ouvraige de fer que sera necessaire pour *la ediffication* et « manutention des chasteaulx dudit seigneur à deux solz « tournois pour livre. Item sera tenu ledit Raseyre fere les « poinctes des maçons et trasseurs de la pierre du chas- « teau dudit seigneur à raison d'ung liard les deux....... « Item sera tenu ledit Raseyre fere, loger à la ditte maison, « pour y recueilhir et loger les manœuvres et aultres qui « travailhent au chasteau dudit seigneur passans et repas- « sans..... » (1).

Le 15 septembre 1564, dans un autre acte passé devant le même notaire, au château de Ferrals, entre Monseigneur François de Rogier et M° Robert de la Bonne (alias de Labonhe), capitaine de Vienne, il est dit que ce dernier « a « entreprins et s'est chargé, et à ses despens, ces cy périls « et fortune, fere toute la viudange et nettoiement tant du « corps du logis que des fossés qui l'environnent et les « pavillons et terrasses d'icelluy, et le tout metre à niveau. « Et fera ladite viudange et nettoiement tant de la terre que « du rocher que se pourra trouver et y surviendra, et le « tout aporter aux lieux plus comodes et nécessaires pour « la fortiffication et ediffication desdits logis, terrasses et « fossés, à la discretion et volonté dudit seigneur ou de « celluy qui y aura la charge, soit à combler les terrasses, « contrescarpes des fossés, jardrins (*sic*) etc., etc....... « moyennant...... pour thoise la somme de vingt-cinq « soulz tournois... pourvu que la distance de l'endroit à

____

(1) Etude de St-Papoul, 2° registre, folio 259 et seq.

« apporter les terres ne dépasse pas treize toises de la bouche
« des fossés. »

Quelques jours après, à la date du 15 octobre 1564, par
engagement devant le même notaire, le sieur Barthélemy
Fortou arrente la tuilerie qui se trouve près Ferrals, et
s'engage à fournir la tuile nécessaire à la construction du
château, avant le 20 novembre.

De ces divers documents, on peut conclure que le nouveau château était en pleine construction pendant l'année
1565. D'autres vont nous dire à quelle époque il fut habité
et mis en défense.

Le 30 juin 1572, le sieur Michel Prochette ayant « la charge
« et garde en ce temps de guerre des *deux* chasteaulx de
« Ferrals » déclare ne pouvoir se rendre à Limoux, où il
est cité à comparaître devant le juge. « sans danger de sa
« personne et pour crainte que, en son absence, l'ennemy
« ne semparast desdits chasteaulx, au préjudice du service
« du roy » (1).

Un peu plus tard (22 décembre 1580), Me Michel Prochette,
procureur fondé et général, pour l'administration de ses
biens. de Barthélemy de Rogier, à la veille de se marier avec
Jeanne de Rogier, fille de noble Antoine de Rogier, bourgeois
de Limoux, passe son contrat de mariage devant Me Arnaud
Campmas, *dans le Château neuf de Ferrals* (2). Enfin, dans la
correspondance qu'entretenait, en novembre 1568, Jeanne
de Rogier. femme du président Antoine de Malras, avec son
frère alors en Flandres, elle lui annonce dans une de ses
lettres datée du 24 décembre « qu'elle a reçu des nouvelles
de Madame la Sénéchale, qui est avec toute sa famille à
Ferrals ». Elle ajoute que « M. d'Audou et M. de St.Couat
(N. de Bellissens). beau-fils de M. de Lobens. font beaucoup

---

(1) Folio 37, verso. Registres Campmas.
(2) Reg. Arn. Campmas. Folio 118. — *Le Château de Ferrals, suivant
un Rapport d'Expert, daté de 1673, — avait coûté 23 800 livres.
Archives de l'Aude B, 2 160.*

de courses en Lauragais » (1). Bien que dans cette lettre, Jeanne de Rogier ne dise pas expressément que Madame la Sénéchale habitait le nouveau château, il est permis de croire qu'en ce temps de troubles, messire de Rogier n'eut pas permis à sa femme le séjour d'un château trop vieux pour résister, soit à un coup de main, soit à plus forte raison, à une attaque méthodique de l'armée protestante.

Il résulte de l'ensemble de ces documents que le *château neuf* était déjà en construction à la fin de 1567 et qu'il dut être couvert précipitamment sous des menaces de guerre, avant 1568. Déjà, en 1562, à la date du 14 août, François de Rogier devait penser à sa construction ; il y avait, à ce moment-là, un architecte nommé Geoffre Jearoy ou Jearry, à Ferrals, comme il appert par sa signature apposée au bas d'un acte passé devant le même notaire. Cet architecte, à notre connaissance, n'a pas laissé de nom dans les arts ; il le mériterait pourtant s'il a été le constructeur de Ferrals, et c'est à ce titre que nous avons tenu à faire connaître son nom (2).

Les archéologues, nés aux pays au-delà de la Loire, pour parler le langage des temps passés, ont prétendu que l'architecture du Midi de la France a cinquante ans de retard sur celle du Nord : on ne s'en douterait certainement pas en étudiant soit l'ensemble, soit les détails de notre monument historique. C'est une des raisons qui nous feront pardonner notre longue dissertation sur la date de cette construction. Il en est une autre, c'est qu'il faudra dater de la deuxième moitié du xvie siècle, au lieu de la première moitié du xviie siècle, la plupart des châteaux-forts encore debout dans l'Aude. Dans ce nombre je citerai celui de Luc-sur-Orbieu, dont la fondation est attribuée par la tradi-

---

(1) Inv. som. des arch. du Capitole à Toulouse.
(2) Reg. Arn. Campmas. fol. 203.

tion locale, à un Montmorency ; celui de la Pomarède, construit par un marchand ou par le fils anobli d'un marchand de pastel, du nom de Henri de St-Etienne, époux d'une fille de la maison de Foix-Caraman (1) ; celui d'Ajac, où est né le maréchal de Lévis, le glorieux défenseur du Canada au XVIIIe siècle. Peut-être même, la plupart des châteaux-forts de cette époque furent-ils l'œuvre de bourgeois anoblis. et enrichis par d'heureuses spéculations commerciales ! Enfin. faisons remarquer que tous les actes notariés concernant la vie de famille sont, à cette époque, passés dans les châteaux. Si les recteurs avaient cédé — moyennant argent — leurs cures à de simples vicaires, pour habiter des demeures plus sûres dans les villes (2), la noblesse, à son honneur. habitait ses manoirs, et défendait ses vassaux les armes à la main contre les « faulteurs de troubles, les voleurs, les brigands » qui, sous prétexte de religion, affamaient les habitants des campagnes et violaient leurs femmes et leurs filles.

Les murs du nouveau château de Ferrals sont à l'épreuve du temps : les caves seraient difficilement détruites par les projectiles-torpilles de nos jours. La petite forteresse est entourée d'un fossé de 10 mètres de large, dont la contrescarpe, solidement revêtue en maçonnerie, a 12^m de haut. Cette hauteur défilait aux coups de canon d'autrefois une hauteur correspondante d'escarpe, et cela est si vrai. qu'on remarque encore aujourd'hui des traces de tir en brèche sur le mur du saillant Sud-Est, au-dessus de l'horizontale du sommet de la contrescarpe. et qu'on n'en aperçoit pas au-dessous.

Les fossés sont flanqués par des créneaux percés dans les saillants et rentrants du tracé : quelques ouvertures

---

(1) Inv. des arch. municipales de Toulouse, AA.

(2) Voir l'Etat du Diocèse de Saint-Papoul en 1573, par l'abbé C. Douais.

circulaires, la plupart murées aujourd'hui, semblent être des embrasures pour canon.

Le château est flanqué de six tours carrées, dont trois à l'Est et trois à l'Ouest. Elles se profilent, pour faciliter la défense et le tir, en lignes rentrantes et sortantes.

Du côté Nord, on franchit le fossé sur un pont dormant relié à la façade par un pont-levis de 6ᵐ de longueur, dont l'entrée est battue par des créneaux. Du côté Sud, le franchissement du fossé est assuré par un pont permanent, muni de créneaux permettant de tirer dans le fond du fossé et sur les glacis. L'entrée en est protégée par deux tours rondes construites en encorbellement de chaque côté de la grande porte; de plus, les parapets du pont sont percés de meurtrières, ainsi que le passage qui conduit des tours rondes aux tours carrées placées aux deux angles du château.

Il est probable que les glacis de contrescarpe étaient, autrefois comme aujourd'hui, plantés d'arbres qui formaient, au moment d'une attaque, des défenses accessoires insurmontables.

Les fossés sont (inondables) à l'aide d'une source venant du Nord, et, par suite, infranchissables dans le cas où l'ennemi aurait réussi à renverser une partie de la contrescarpe.

Une grande cour intérieure, sur laquelle débouchent, à droite et à gauche, des portes d'écuries et de maisons de valets, servait, en cas d'alerte, à donner un refuge sûr aux gens de Ferrals et au bétail.

Le château, étant donné le peu de relief de ses escarpes, est un exemple de fortification remarquable pour l'époque.

Il est difficile de dire à quelle époque cette petite forteresse fut canonnée, et par suite de nommer le capitaine qui osa attaquer le seigneur de Ferrals dans son imprenable manoir. Les documents à notre disposition sont muets sur ce point.

A notre avis, elle ne put avoir lieu qu'à trois époques bien précises : ou bien dans la première quinzaine de mars 1570 — du 1er au 14 — époque pendant laquelle furent brûlés et saccagés les villages de Verdun et de Lasbordes, au milieu desquels se trouve situé Ferrals — et alors ce furent les « reîtres » de l'amiral Gaspard de Coligny, mettant tout à feu et à sang sur leur passage, qui tentèrent sans succès, comme à St-Félix de Caraman, cette attaque : ou bien elle eut lieu de juillet 1589 à juin 1595, période pendant laquelle le parti de l'Union était maître absolu dans presque tout le diocèse de St-Papoul.

Ce parti, à la tête duquel se trouvaient les ducs de Joyeuse, ce parti qui avait déjà proclamé le cardinal de Bourbon roi de France sous le nom de Charles X (1), avait à se venger de Barthélemy II. Ce dernier, en fin juillet 1589, avait infligé une sanglante défaite à un des meilleurs et des plus dévoués lieutenants de Joyeuse, le capitaine François de St-Jean-Moussoulens, entre St-Rome et Villelisses.

Les ligueurs ne pouvaient pardonner au Sénéchal du Lauragais de les avoir abandonnés pour rester fidèle et reconnaissant à son roi Henri III, alors allié au roi de Navarre (1589).

Enfin, il se peut qu'une attaque ait eu lieu en décembre 1624, car, à la date du 7 de ce mois, le premier président du parlement de Toulouse écrit aux consuls de la ville de Castelnaudary « d'avoir à se garder, l'ennemi ayant des vues sur leur ville ou sur Ferrals ou sur Montferrand » (2).

---

(1) Inventaire manuscrit des archives municipales de Castelnaudary. — Registre Dominique Boyer, notaire de Villepinte : En tête de plusieurs actes de mars 1590 on lit : « Regnant Charles dixiesme esleu par la grâce de Dieu, roi de France ». (Etude de Saint-Papoul).

(2) Inventaire manuscrit des archives municipales de Castelnaudary.

De quelque côté que soit venue l'attaque, elle fut repoussée, il ne saurait y avoir de doute à ce sujet : les de Rogier de Ferrals n'étaient pas gentilshommes à se rendre au premier coup de canon, surtout quand les « boulets gros comme des oranges » (1) ne pouvaient causer le moindre dommage aux murailles de leur château.

L'église de Ferrals située entre les deux châteaux n'est plus desservie depuis de longues années, si on en juge par l'état de délabrement où elle se trouve aujourd'hui. Elle était dédiée à Saint-Eutrope (Sant Stropi) dont elle possédait quelques reliques qui font aujourd'hui l'objet de la vénération des paroissiens de l'église de Saint-Papoul.

En 1620, elle fut visitée par Mgr François de Donadieu, évêque de Saint-Papoul, qui, à tort, la qualifie d'église paroissiale dans son procès-verbal. Cette chapelle fut toujours une annexe de la paroisse de Verdun, comme Saint-Gimer à Carcassonne est une annexe de l'église Saint-Nazaire de la Cité. Suivant la coutume de l'époque, plusieurs seigneurs de Ferrals en firent le lieu de leur sépulture. Dans ce nombre nous relevons le nom de Louise, duchesse d'Arpajon, veuve de Messire Hugues de Loubens et belle-mère de noble Jean Gabriel de Gaulejac, seigneur de Ferrals. Elle y fut ensevelie vers 1696, après y avoir fondé un obit de soixante livres pour le repos de son âme. Du côté Ouest, attenant à l'église, se trouvait le cimetière. Des travaux récents à cet endroit ont démontré son existence certaine. Cette petite église fit encore l'objet d'une visite pastorale de Mgr François de Barthélemy de Grammont en 1696 ; et plus tard d'une autre visite de Mgr Charles de Ségur, tous deux évêques de St-Papoul.

Une autre chapelle se trouve dans la tour Nord-Ouest du château. Elle est dédiée à Saint-Barthélemy, qui est encore

---

(1) Archives de l'Aude : B. 2150.

aujourd'hui le jour de la fête locale des domaines de Ferrals. Elle est signalée dans tous les Inventaires, ce qui peut faire croire qu'elle date de la construction du château. Dans ce cas, FrançoisII l'aurait placée sous la protection du patron de son père.

En entrant dans le château, on est frappé par la grandeur du vestibule qui occupe toute la longueur du bâtiment. Sur ce portique s'ouvrent. à droite et à gauche. la plupart des portes donnant accès aux appartements. Quelques meubles de l'époque Louis XIII. adossés aux murailles, nous donnent une idée trompeuse de l'ameublement des demeures seigneuriales au xvııe siècle.

En effet. si on consulte l'Inventaire de 1673, on trouve dans la « chambre jaune ». qu'habitait le seigneur de Ferrals. l'ameublement suivant, qui paraîtrait bien pauvre à la plus modeste famille bourgeoise de nos jours :

Six chaises en noyer garnies de canevas, dont deux en soie, et quatre en laine :

Six chaises sans garniture ;

Une table ovale avec son pliant ;

Une armoire en bois de noyer à demi-usée, avec les armes de la maison de Ferrals. contenant quelques bouteilles et quelques verres :

Une couette ; un coussin ; un matelas ; une « couverte » :

Deux draps de toile avec tour de cadis vert et housse.

« Le tout appartenant à la succession, sauf le matelas, propriété de Madame de St-Laurent. »

Une réflexion à ce sujet : cette grande dame, en venant rendre visite à ses parents à Ferrals, avait apporté ce matelas dans ses bagages. C'était alors une mode suivie par tous les grands seigneurs. En montrant combien était pauvre l'ameublement des grandes demeures seigneuriales de la fin du xvııe siècle. on se demande comment pouvaient être meublées et couchées les familles bourgeoises et les familles des paysans : le portrait qu'en a fait La Bruyère serait-il la réalité elle-même !

En poursuivant la lecture de notre Inventaire, dans un autre appartement, qui servait à la fois de salon, de salle à manger et de cuisine, en même temps que de chambre à coucher, on relève les objets suivants :

Une salière carrée d'argent avec les armes de la maison de Parasa ;

Trois cueillères et trois fourchettes d'argent ;

Une cueillère percée ;

Une armoire vieille ;

Une cuvette de cuivre percée avec trois pieds ;

Deux coffres de bahut, appartenant à Madame de Saint-Laurent et, contenant les habits de cette dame et de son fils.

Les vêtements n'étaient pas alors — en province — plus luxueux que l'ameublement ; et pourtant, dans tous les pactes de mariage passés soit entre gens riches ou gens pauvres, on constate que les vêtements de luxe et les bijoux offerts par le fiancé à sa future ont le plus souvent une valeur égale au quart de la dot et quelquefois plus. Peut-être ces bijoux — aussi bien que les vêtements — devaient-ils durer jusqu'à leur mort, car au xve siècle, dans tous les testaments, on voit les donateurs offrir, comme marque d'amitié, leurs robes et habits de noces à leurs héritiers !

Mais poursuivons notre lecture :

Enfin un cendrier laiton,

Et 4 pièces de tapisseries représentant les travaux d'Hercule, tapisseries appelées « d'Hathelisses », sans que nous puissions expliquer ce dernier terme, complétaient l'ameublement de cette pièce.

Ailleurs, on voit que la lingerie de la maison de Ferrals se compose de draps de lit et chemises trouées, et le plus souvent les mots usé, vieux, se trouvent à la suite de l'énumération. Ici encore on trouve confirmation du fait avancé par les historiens, que le faste de la cour de Louis XIV et les guerres de ce règne avaient grandement appauvri la noblesse de province.

Quant à la bibliothèque du château, elle se compose de peu de livres ; je ne vous en donnerai pas les titres, ils n'auraient rien de bien intéressant pour nous.

Il n'en est pas de même du cheptel des métairies dépendantes du château : il nous montrera l'état misérable de l'agriculture à cette époque.

Aux Sesquières, on compte :

95 bêtes à laines ;
4 bœufs ;
1 paire de vaches ;
3 veaux de 1 à 2 ans ;
6 chèvres et 3 chevreaux ;
2 poulains ;
1 truie et 4 pourceaux.

Les autres métairies n'ont pas un cheptel plus important. Il est composé toujours des mêmes espèces d'animaux. De là, on peut exprimer, sans crainte d'erreur, que le lait de chèvre et de vache d'une part, et la viande de porc d'autre part, étaient la base de l'alimentation des populations rurales de cette époque. On ne se nourrit plus aujourd'hui avec du lait à Ferrals, mais la principale nourriture des populations agricoles du Midi est restée ce qu'elle était au xviiie siècle ; la viande salée du porc sert toujours à faire la soupe nationale.

A l'élevage des chèvres et des veaux a succédé un élevage beaucoup plus important et qui fait le plus grand honneur au propriétaire actuel.

Outre un haras, autorisé par l'Etat, qui rend les plus grands services aux agriculteurs de la contrée, on se livre avec un succès toujours constant à l'élève du cheval de course et du cheval étalon. Je n'ai pas dit avec intention, à la production du cheval étalon, parce que les chevaux présentés à la vente sont achetés à l'âge de six mois dans les départements voisins pour être revendus deux ou trois ans après, à des prix variant entre 4.000 et 6.000 francs. Les poulains non acceptés par la commission d'achat du gouvernement sont vendus de gré à gré. Il n'est pas rare de les voir atteindre et même dépasser le prix de 1.000 francs.

Le parc de Ferrals, qui se trouve au nord du château, s'étend au loin dans cette direction. Il ne rappelle en rien les parcs dessinés par Le Nôtre et ceux de nos jours tracés à la mode anglaise. Il serait plutôt dans le goût italien de notre époque. Ses arbres séculaires, ses orangers en caisse, dont certains sont mentionnés dans l'Inventaire de 1731, ses belles avenues de platanes, nous invitent à prendre un repos bien mérité et à déboucler nos sacs pour satisfaire notre appétit excité par une si belle excursion.

Notre diner terminé — il est rapidement fait — nous voilà en route pour St-Papoul.

(FIN DE LA PREMIÈRE PARTIE)

MAISONS DE FERRALS

(1211-1789)

CIRCA

1211   Mademoiselle N. de Ferrals (Histoire des Comtes de Toulouse, par Moline de St-Yon).

1252   L'abbé de St-Papoul : Géraud II (Archives de l'Aude, B. 2150).

— FAMILLE DE PIA (*de Piano*). —

CIRCA

1250-1260 Guilhaume de Pia, sénéchal de Carcassonne (1248-1252), seigneur de Ferrals et de Verdun (B. 2150).

1279-1290 Guinot de Pia, seigneur de Ferrals (id.   id.).

1314-1327 Guillaume d'Appian, seigneur de Verdun (H. du Lang. T. VIII. p. 345).

1377 (juin-juillet) Guilhaume de Pia, seigneur de Ferrals et de Verdun (Archives de la commune de Verdun, Aude).

1341-1379 Jean de Pia, seigneur de Ferrals.

1392   *Noble Marie de Pia , seigneuresse d'Issel (et de Ferrals). (1)*

— FAMILLE DE TOULOUSE-LAUTREC-MONTFA. —

1402   Antoine de Lautrec baron de Ferrals et seigneur de Verdun.

1457 (4 janvier). Noble Antoine de Lautrec, vicomte de

à   Lautrec, seigneur de Ferrals, de Verdun, de

1479 (14 août) la baronnie du Puy St-Pierre ou de Cascarech, (Généalogies, par le P. Anselme ; — Registre de Bernard de Floribus, notaire ; — Arch. de l'Aude, B. 2150) : seigneur de Montfa, La Bruguières (id.   id.). Il était le fils aîné de Pierre II de Lautrec et de Marguerite de Pestel, mariés par pactes de janvier 1410. (Gén., par le P. Anselme).

1479   Marie de Lautrec, seigneuresse de Ferrals (id.).

— FAMILLE D'ANTIN (*de Antino*). —

1496-1507 Jean d'Antin, époux de Marie de Lautrec, seigneur de Ferrals, coseigneur d'Issel, (Reg. de Bernard de Floribus ; — Archives de l'Aude ; B. 2135).

(1) Registre d'Arnaud Campmas c. [illegible] de Saint B... .

— 38 —

CIRCA

1510 (27 mai) Marie de Lautrec, veuve de Jean d'Antin
(B. 2135).

1521-1545 Noble Antoine d'Antin, seigneur de Ferrals, marié
à noble Jeanne de Châteauneuf ou de Castelnau
(B. 2135, B. 2150). On trouve, en mars 1526,
noble Géraud de Castelnau, seigneur à Gouyres,
paroisse de Moussens (Haute-Garonne).

1537   Noble Jeanne de Châteauneuf, seigneuresse de
Ferrals (B. 2150).

— Maison de France. —

1545 (4 avril) Henri de Valois (Henri II), dauphin de France.
à   Il nomma le capitaine Simon de Fauré, châte-
1547 (15 juil.) lain de Ferrals, et lui confia la garde du château.

— Famille de Brézé. —

1547 (11 juillet) Diane de Poitiers, duchesse de Valentinois,
à   veuve de messire Louis de Brézé, grand séné-
1558 (20 mars) chal et gouverneur de Normandie, seigneuresse de la baronnie de Ferrals et des châtelle-
nies et seigneuries de Verdun, le Puy St-Pierre,
de Tourre, des Yssarts, qui en dépendaient,
(B. 2150). Le 20 mars 1558, elle les vendit à
François de Rogier de Malras, devant notaires
au Châtelet, à Paris.

— Famille de Rogier de Malras. —

7 février 1525 (V-S) Simon Rogier, 1er Consul de Limoux (Frazalires: Sentences)
1526   Pierre Rogier, 4e consul de Limoux (Fonds-
Lamotte : Notice sur Limoux).

1533   Pierre Rogier, 4e consul de Limoux (Fonds-
Lamotte : Notice sur Limoux).

CIRCA

1535   Barthélemy Rogier, 2e consul de Limoux (Fonds-
       Lamotte : Notice sur Limoux), qui suit. La
       moitié du fief de Malras — d'après le docteur
       Buzairies (1) — fut achetée par ce dernier à
       Bertrand de Cercié, seigneur dudit lieu.

1540   Pierre Rogier, 4e consul de Limoux (Fonds
       Lamotte : Notice sur Limoux).

1549   Jean Roger, 1er consul de Limoux, bachelier en
       droit (Fonds Lamotte : Notice sur Limoux).

1550   François de Rougier, sieur de Malras, 2e consul
       de Limoux (Fonds Lamotte : Notice sur Li-
       moux).

xvie siècle. Simon de Rogier, frère de Barthélemy, eut pour
       enfants :

1° noble [bourgeois de Limoux] Antoine de Rogier, qui laissa :

1578   a. Jean de Rogier, religieux, aumônier au mo-
       nastère de Sorèze (Reg, Arn. Campmas, notaire
       à St-Papoul).

1580 (22 déc.) b. Jeanne, mariée à Michel Prochette, ancien
       consul de Limoux, viguier du lieu de Sorèze,
       économe de cette abbaye, procureur général
       fondé de tous les biens de la maison de Ferrals
       (Reg. Arn. Campmas).

       c. Emeraulde.

2° Françoise de Rougier, mariée en premières
       noces à Michel Prads, marchand à Béziers : en
       deuxièmes noces, à Antoine Forcadel, bourgeois
       de Béziers, de qui elle eut Alphonse For-
       cadel. [Elle avait perdu son second mari en août 1581].

---

(1) Notice sur le château de Malras.

CIRCA

1565-1568 Dominique de Rougier, citoyen de la ville d'Arles
en Provence, procureur fondé de la maison de
Ferrals. Il adopta un fils naturel, François de
Rougier, avec le consentement de la famille de
Rogier de Ferrals et de celle de Plaigne, alliées
l'une à l'autre par des mariages.

— FAMILLE DE ROGIER DE MALRAS DE FERRALS. —

14..
à
1540

Noble Barthélemy 1 de Rougier de Malras, marié
— par pactes de 1515 — à N. de Fanjeaux (B.
2150), fille de Barthélemy de Fanjeaux, coseigneur de Villefloure (commune du canton
de St-Hilaire). Ce dernier testa, le 9 janvier
1540.

De ce mariage naquirent :

1° François, qui suit :

2° Marguerite, mariée à noble Sicard de Plaignes,
par pactes du 10 juillet 1536 (B 2114).

3° Jeanne, mariée à Antoine de Malras, baron de
de Beauville et Totens, avocat général du roi,
puis 3ᵉ président au Parlement de Toulouse.
Elle eut beaucoup d'enfants. (Archives du
Capitole à Toulouse, AA. 20 : 103, 104, 105).

1558 (20 mars)
à
1575

I. François 1 de Rogier, trésorier de France,
général des finances en la charge et généralité
de Lyon, contrôleur général des guerres (1558-
1564) ; sénéchal du Lauraguais, par provisions
royales de 1567, jusqu'à sa mort ; [1] chambellan
du roi ; ambassadeur de France en Flandres
(1568-1571), en Turquie, à Rome (1572 à 1575);
administrateur général du temporel de l'abbaye
de Sorèze, au nom du roi et pour le cardinal

(1) membre du Conseil privé du Roi.

Charles de Bourbon (1) 17 juin 1570 à sa mort (Reg. Arm. Campmas. année 1579, folio 31).

Il était marié à Emeraulde de Brugaut. de la ville de Lyon. par pactes du 25 janvier 1544 (B. 2150). dont il eut :

1° Barthélemy. né vers 1553. qui suit :

2° François. qui suit :

3° Antoine de Rogier. baron de Paraza, Puisselicon. Villa des Ports. etc.: sénéchal du Lauragais (du 20 septembre 1615 à 1625): marié à Françoise de Voisins d'Ambres de Lautrec — par pactes du 8 février 1595 — dont il n'eut pas d'enfants. Il mourut à Puisselicon en septembre 1644. et fut inhumé dans le chœur de l'église paroissiale. Par son testament, il fit héritiers les enfants mâles de Jeanne de Rogier. sa nièce, par ordre de primogéniture (B. 2150).

1575 (5 janv.) à 1593 (fin nov.) II. Barthélemy II de Rogier. baron de Ferrals, de Puissalicon. St-Benoît et Tournebouis, Donnazac. seigneur de Malras, Villepinte. Issel. Villemagne. Parasa. La Digne d'Amont et d'Avail: conseiller du roi et de Monseigneur son frère : gentilhomme ordinaire de leur chambre : sénéchal du Lauraguais. du 20 septembre 1575 à sa mort, survenue en novembre 1593 : administrateur du temporel de l'abbaye

[note manuscrite en marge :] Gendarme de la compagnie de ... le grand-prieur de Joyeuse (u 1589)

---

(1) Le Cardinal de Bourbon prit possession. à cette date, de son abbaye. Il le fit par procuration. Bien que nominalement titulaire, il n'en jouit jamais, n'ayant pas pu remplir les conditions imposées dans ses lettres de provisions (Reg. Arm. Campmas).

[note manuscrite :] Courtauly – tournbouil.

de Sorèze par procuration et par autorisation du roi en date du 4 Septembre 1576 (Reg. Arn. Campmas) ; député de la noblesse du Lauragais avec son oncle Sicard de Plaignes, aux États Généraux de Blois en 1588.

Il s'était marié, par pactes du 7 février 1581, (Reg. Arn. Campmas), avec Françoise de Voisins d'Engarrevaques et de Beaufort, dont il n'eut pas d'enfants. Sa veuve se remaria avec noble Vitalis du Perrier, seigneur des Cammasés de Roquefort, (B. 2135) (1). Il testa, en faveur de ses frères, le 23 novembre 1593.

1593 (déc.)
à
1624 (fin)

III. François II de Rogier, frère du précédent, député du clergé du Lauragais aux États Généraux de Blois (Reg. Arn. Campmas, année 1595 fol. 167) ; sénéchal du Lauragais du 11 juillet 1596 au 20 Décembre 1615 ; marié en premières noces à Anne du Faur de Saint-Jory, fille du premier président au Parlement de Toulouse (2), par pactes du 26 juillet 1596 ; puis, en deuxièmes noces, à demoiselle Léonor de Pujol de Thézan de St-Geniès, dont il n'eut pas d'enfants ; abbé commendataire de Sorèze, « nommé et éslu du roi » en février 1589 (Reg. Arn. Campmas, fol. 169, année 1589). Il décéda au château de Ferrals, en septembre 1624 (Reg. Jacques Pujol : Étude de St-Papoul).

Il eut de Anne du Faur, sa première femme :

1° Françoise de Rogier, mariée, par pactes du 20 mai 1619 (B. 2150), à Jean-Gabriel de Gaule-

---

(1) Registre Arnaud Campmas jeune (1612-1615), folio 80.

(2) Michel du Faur de Saint-Jory, marié à Éléonore de Bernuy, fille de Jean.

jac, vicomte de Peccalvel, fils aîné de Jean-
Marc — premier vicomte par lettres royales
du 14 décembre 1618 (arch. du Parlement de
Toulouse B. 380 fol. 423) — seigneur de Besse
Nogairo, etc. en Quercy, et de Marie de Gironde
de Saint-Bauseil (mariés par pactes du 2 juillet
1595) : et petit fils de Jean-Gabriel et de
Gabrielle de Vabres (pactes du 14 décembre
1554. B. 2150).

2° Jeanne, mariée, par pactes du ~~14 décembre~~
~~1627~~, à Jean-Marc de Gaulejac, frère du précédent, qui suit :

3° Charlotte, qui se fit religieuse au couvent de Brouille
~~Sainte-Claire des Cassés~~ (B. 1988) :

4° Marguerite, qui se fit religieuse au couvent de
Prouilhe le 2 juillet 1620 (B. 1988.)

5° Antoinette-Germaine, mariée, par pactes du
23 décembre 1643 (B. 2150), à Noble Louis de
Roquefeuil, seigneur de Saint-Marcel :

6° Gabrielle, mariée, par pactes du 16 août 1634
(B. 2150, B. 2135), à Noble Louis de Marsa,
seigneur et baron de Sailhac, en Quercy :

7° Claude, décédée mineure.

— FAMILLE DE GAULEJAC. —

1624 (oct.) I. Jean-Gabriel de Gaulejac, vicomte de Peccal-
à vel, baron de Ferrals. A la mort de sa pre-
1629 fin. mière femme, Françoise de Rogier, survenue
vers 1629, cette baronnie et ses dépendances
passèrent sur la tête de Jean-Marc, son frère,
époux de Jeanne de Rogier, sœur de sa femme. Jean-Gabriel se remaria, ~~plus tard~~, avec
demoiselle Jeanne de Valon de Gozon (archives
du Lot-et-Garonne B. 70), d'après un docu-

CIRCA

ment dont nous devons la connaissance à
l'obligeance de M. G. Thomlin, le distingué
archiviste de ce département. Du même document il résulte qu'il était déjà mort en 1655.
De son premier mariage, il n'eut *pas d'enfants* ~~que des fil-~~
~~les, et encore ne pouvons-nous pas affirmer~~
~~qu'elles appartiennent toutes au premier lit !~~
Nous les donnons, sous cette réserve. et dans
l'ordre où nous les avons trouvées sur un acte
du Xᵉ registre de Jacques Pujol, notaire, folio
46. an 1695 (Etude de St-Papoul) :

De son second mariage, il n'eut que les filles :

1º Jeanne *Marguerite (mariée à Jacques-Victor de Toucheboeuf, comte de Clermont, le 21 janvier 1645.)*
~~2º Marquise :~~
3º Charlotte-*Thérèse (mariée, le 15 mars 1655 à Etienne de Séguy, seigneur de Beaulieu.)*
3º Anne. *(mariée à Antoine d'arlat, marquis de Coussières).*
4º *Gabrielle, morte en bas-âge.*

1629 (fin de) II. Jean-Marc II de Gaulejac. décédé au châ-
à teau de Ferrals. le 16 septembre 1673, à un
1673 (16 sept) âge très avancé. Il eût de sa femme Jeanne de
Rogier, qui lui avait apporté en dot le domaine
de Ferrals. les enfants ci dessous (B. 2150, B.
2008, B. 2135).

1º Jean-Gabriel, qui suit :

2º Aymond. seigneur de Parasa, officier au régi-
ment de Schomberg, marié à *dame Gabrielle de moussardon, en 1682*

3º Françoise. mariée à Noble Jacques de Marsa,
seigneur de St-Laurent, maréchal de bataille
aux armées du roi, par pactes du 20 octobre 1659. Elle fut veuve peu après son mariage,
et se retira avec son fils posthume, Louis
de Marsa, au château de Ferrals :

4º Antoinette de Gaulejac, célibataire à la mort
de ses parents ;

5º Angélique. religieuse au couvent de Prouille.

CIRCA

1673 (16 sep.)   III. Jean-Gabriel de Gaulejac, baron de Fer-

à

1686 (15 août)   rals, Verdun, Cennes et Villemagne, marié,

par pactes du 31 mai 1664, à Jeanne de Lou-
bens-Verdalle, sœur du grand maître de l'ordre de St-Jean de Jérusalem et fille de Hugues
et de Louise d'Arpajon ; il eut (B. 2326) :

1° Jean-Louis, marquis de Ferrals, qui suit ;

2° Louis, sieur de Villemagne, décédé *ab intestat* ;

3° Henri-Louis, qui suit ;

4° Henri, sieur de Verdun, prêtre (?) obituaire
décédé au château de Ferrals en septembre 1691 ;

5° Charles-Louis, chevalier de Ferrals, capitaine
au régiment de Mauroy, qui suit ;

6° Louise, alias Gabrielle (1), qui entra en religion
au couvent de Prouille ;

7° ~~Hélène, alias~~ Hypolithe (2), mariée, après le
décès de ses père et mère, à noble ~~François~~
~~de Bertrand, seigneur de Molleville,~~ par pactes ~~du 24 juin 1707~~ (B. 2150).

1686   IV. Jean-Louis, marquis de Ferrals, marié à

à

1696 (20 mars)   Jeanne de Lévis-Léran, par pactes du…, mourut
à Castelnaudary (B. 2150), sans laisser d'en-
fants. Par droit de substitution, la baronnie passa,
après un long procès, aux mains de son frère,
Henri-Louis ; car, le 20 juillet 1705, elle fut
saisie au profit de ce dernier — par arrêt du
parlement de Toulouse de même date — sur
la tête de Jeanne de Lévis-Léran, veuve de
Henri-Louis.

1696-1697   V. Charles-Louis, chevalier de Ferrals, qui avait

---

(1) Testament de Jean Gabriel de Gaulejac : 12ᵉ Registre de Me
Michel Teurnier ; Etude de St-Papoul.

(2) Idem.

accepté la succession de Jean-Louis, répudiée par Henri-Louis, qui suit (B. 2102). A la requête d'Aymond de Gaulejac, créancier de la maison de Ferrals, cette baronnie fut saisie sur sa tête (B. 2095), en 1697.

1697-1705   VI. Jeanne de Lévis-Léran, baronne de Ferrals, ou non, suivant les péripéties de son procès avec les frères de son mari (B. 2150).

1696-1730 (fin)   VII. Henri-Louis, seigneur et marquis de Ferrals, Verdun, Cenne, Villemagne, Puisselicon (20 septembre 1698), marié, par pactes du 10 novembre 1687, à Catherine de Gramont de Lantar, qui suit, décéda au château de Ferrals. Il ne laissa pas d'enfants. A sa mort, les biens de la baronnie de Ferrals et ses dépendances furent disputés à sa veuve, par « noble Antoine-Joseph de Gaulejac, seigneur de Saint-Amans, habitant son château de Caylus en Quercy (B. 2389), fils et héritier de Aymond de Gaulejac. »

Un accord intervint entre les parties, car la veuve de Henri-Louis conserva les terres de Ferrals, moins celle de Villemagne qu'elle céda à son adversaire. En 1763, on trouve Henri-Louis Aymond de Gaulejac, seigneur de Villemagne(1). En 1767 (B. 2459), autre Antoine-Joseph était encore baron de ce lieu.

1731-1742 (6 décembre)   VIII. Catherine de Barthélemy de Gramont de Lantar, veuve de Henri-Louis, décédée le 6 septembre 1742 (B. 2150, B. 2153), laissa pour héritiers deux de ses frères, chacun pour moitié de ses biens :

---

(1) Registre de Me Pierre Cabanis, fol. 771 ; Etude de St-Papoul.

CIRCA

1° François de Barthélemy de Gramont, seignèur et baron de Lantar et *pays* de Lantarois, chevalier de l'ordre de Saint-Louis, ancien officier aux gardes du roi, baron aux Etats du Languedoc, marié à Magdeleine de Riquet (B. 2141). dont il eut Catherine, qui suit :

2° Jacques, chevalier de l'ordre Saint-Lazare : qui suit avec François ci-dessus.

— FAMILLE DE BARTHÉLEMY DE GRAMONT DE LANTAR. —

1742 (6 déc.) I. François et Jacques, coseigneurs de Ferrals,
à   firent tous deux héritière. l'un à sa mort, l'au-
1755 (13 sep.) tre à l'occasion de son mariage, Catherine, fille du premier, qui suit :

1755 (3 sept.) II. Catherine de Barthélemy de Gramont de
à   Lantar et Lantarois, baronne de Ferrals,
1788   mariée par pactes du 13 septembre 1755 à Messire Pierre-Louis-Joseph-Antoine Le Conte, chevalier, marquis de Noé. seigneur de Malhe, Les Chaleliers. La Polleterie, La Prade, et Lansac, avocat général, puis procureur général du roi au parlement de Toulouse, qui suit. Elle mourut en 1788.

— FAMILLE LE CONTE, MARQUIS DE NOÉ. —

1788-1791 I. Messire Pierre-Louis-Joseph-Antoine Le Conte, marquis de Noé. dernier baron féodal de Ferrals.

— XIXᵉ SIÈCLE. —

Dans ce siècle, le domaine de Ferrals a été possédé d'abord par la famille des ducs (de Bessuéjouls) de Roquelaure (B. 1017), ensuite par celle des Comtes de Virieu, propriétaires actuels.

Nous avons de bonnes raisons pour croire que la première en a hérité du marquis de Noé ou de sa femme, et la seconde de Madame la duchesse de Roquelaure.

———

Index des Manuscrits consultés.

Archives de l'Aude : B. 1963, 1982, 1990, 1993, 1996, 2002, 2003, 2005, 2006, 2008, 2012, 2017, 2018, 2021, 2047, 2085, 2095, 2102, 2114, 2117, 2135, 2141, 2153, 2166, 2173, 2200, 2242, 2253, 2256, 2280, 2282, 2288, 2307, 2312, 2317, 2322, 2323, 2326, 2357, 2388, 2389, 2391, 2449, 2451, 2453, 2459.

Archives du Lot-et-Garonne : B. 70.

Archives du Capitole à Toulouse, AA. 20 : 103, 104, 105, 106 : AA. 18 : 61, 131, 259, 308.

Inventaire manuscrit des archives de Castelnaudary.

Archives du Parlement à Toulouse, B. 380.

Etude de St-Papoul : Registres des notaires suivants : Bernard de Floribus, Jean de Cabanis, Arnaud de Garrigia, Arnaud Campmas, Jacques Pujol, Jean Montauderie.

Bibliothèque de Carcassonne : Généalogie de la famille de Gaulejac, de 1380 à 1804, n° 9776.

Index Bibliographique.

Histoire du Languedoc (Ed. Privat).

Cartulaire du Diocèse de Carcassonne, par Mahul.

Henry Mullot.